LES LUTINS CORDONNIERS

est un conte de Jacob et Wilhelm Grimm,
célèbre dans le monde entier.

Dans cet album, les personnages de Walt Disney
en sont les interprètes.

C'est ainsi que vous reconnaîtrez :

Mickey, dans le rôle du cordonnier.
Minnie, dans le rôle de sa femme.
Picsou, dans le rôle de l'homme
le plus riche de la ville.

Coproduction Les Livres du Dragon d'Or, Paris.
Mise en images : Atelier Philippe Harchy.
Texte : adaptation de Véronique de Naurois.
Imprimé en Italie. Dépôt légal : avril 1991.
ISBN 2-87881-011-2

© The Walt Disney Company.

Walt Disney

Les contes de l'Oncle Picsou

LES LUTINS CORDONNIERS

LES LIVRES DU DRAGON D'OR

— Ouaouh ! Quelle vitesse !
Riri, Fifi et Loulou sont ravis de leur invention. Ils ont monté un petit moteur sur leur planche à roulettes, et les voilà transformés en bolide dans les allées du jardin.
— Attention ! Un gros caillou droit devant !
Riri a bien vu l'obstacle, mais trop tard, hélas ! et Loulou, qui est à l'arrière, se retrouve par terre.

— Oh ! j'ai déchiré mon chandail... Que va dire oncle Picsou ?
A peine de retour, en effet, l'oncle Picsou fulmine :
— Voilà ce qui arrive aux imprudents !
Puis, observant Loulou en train de réparer son accroc :
— Tu n'as pas l'air très adroit, mon cher neveu..., ajoute-t-il.
Je connais des lutins qui feraient mieux que toi !
— Des lutins ? s'exclament en chœur Riri, Fifi et Loulou.
— Parfaitement !... Mais écoutez plutôt leur histoire...

Il était une fois un petit cordonnier dont la vie était devenue bien difficile. Les chaussures qu'il fabriquait ne plaisaient plus à ses clients et personne ne venait les acheter dans sa boutique. La pauvreté s'était alors installée dans sa maison, et le malheureux cordonnier, qui n'avait plus rien à faire, donnait chaque jour quelques graines aux oiseaux du jardin. C'était son unique occupation et son seul plaisir.
Ce jour-là, tandis qu'il distribue aux oiseaux leur ration quotidienne, il entend des soupirs et des lamentations venant de la cuisine.

Le cordonnier accourt et découvre son épouse toute en pleurs.
— Hélas ! mon cher mari, se désole-t-elle, qu'allons-nous devenir ?... Il n'y a plus rien à manger et nous n'avons plus d'argent.
Le pauvre homme est effondré. Il baisse la tête, accablé de tristesse, quand, tout à coup, le voilà qui disparaît dans son atelier pour en ressortir presque aussitôt.
— C'est notre dernière chance ! déclare-t-il en posant un grand morceau de cuir sur la table. Regarde cette belle peau ! C'est la seule qui me reste... Je vais tout préparer ce soir et, dès demain, j'y taillerai un nouveau modèle de chaussures.
Puis, tombant à genoux, les mains jointes sur la poitrine en signe de recueillement, il poursuit :
— Prions le Ciel, ma chère femme, pour qu'il me donne durant la nuit l'inspiration et le savoir-faire !

Le lendemain matin, le cordonnier se précipite dans son atelier. Les yeux encore gonflés de sommeil, il s'avance vers sa table de travail et s'arrête, stupéfait.
— Ah! ça... Mais je rêve!

Aussitôt, il appelle son épouse.
— Vois-tu ce que je vois, posé là sur la table à la place du cuir que j'ai laissé hier soir ?
Et il lui montre du doigt deux beaux souliers tout neufs.

Ah ! les belles chaussures ! Le cordonnier les regarde de plus près. Elles sont parfaites. Quel prodige ! Il se retourne vers sa femme, mais celle-ci a déjà disparu. Elle est sortie pour raconter l'étonnante aventure à tout le monde.
Une heure plus tard, l'homme le plus riche de la ville entre comme une trombe dans la boutique et se rue sur les souliers.
— Magnifiques ! Je les achète !... Cordonnier, je t'en donne le prix que tu voudras !

Le cordonnier n'en revient pas : voilà la meilleure vente qu'il ait jamais faite ! Il court alors chez son ami le tanneur.

— Bonjour ! clame-t-il joyeusement en entrant dans l'atelier. Puis, déposant sur le coin de la table l'argent qu'il vient de recevoir, il commande deux pièces de cuir.

— Les plus belles ! ajoute-t-il. Je les emporte tout de suite.

Le soir, après avoir fait avec son épouse la même prière que la veille, il pose les deux peaux dans son atelier et va se coucher. Le lendemain matin, nouveau miracle ! Deux paires de souliers flambant neufs trônent sur la table parmi les outils.

Oui! Deux paires splendides, aussi bien faites que la première, joliment dessinées et finement cousues!... Le cordonnier saute de joie.

— Youpi!... Si cela continue, je vais faire fortune!

Le jour même, avec la jolie somme d'argent qu'il tire de la vente des deux nouvelles paires de chaussures, il achète trois peaux, encore plus somptueuses que celles qu'il s'était procurées la veille. Et le lendemain... Trois paires sur la table! Le surlendemain... Quatre paires!

— Eh là! lui dit son ami le tanneur, arrête, cordonnier, tu dévalises mon atelier.

Mais, chaque jour, le petit cordonnier revient, car les clients affluent. En quelques semaines, il a fait fortune et tous ses tiroirs sont remplis de pièces d'or...

— Crois-tu vraiment que ce soit le Ciel qui nous aide? lui demande sa femme.

— Certainement, la rassure le cordonnier. Mais, plutôt que de nous poser trop de questions, installons dans notre maison une superbe boutique!

— Entrez, entrez ! Vous êtes les bienvenus... Que voulez-vous, des bottes ou des bottines ? Des escarpins ou des chaussons ?... Nous avons tout et de toutes les couleurs. Entrez donc, ma femme va vous faire essayer mes nouveaux modèles !

Boutique luxueuse, odeur de cuir neuf... Le cordonnier est devenu le commerçant le plus célèbre de la ville. Fini le ressemelage des vieilles chaussures, oubliées les réparations de misère, on ne l'appelle plus le petit cordonnier, mais M. le Cordonnier !

Un soir, cependant, juste avant Noël, notre cordonnier s'inquiète. Depuis quelque temps, sa femme n'est plus la même ; elle paraît lointaine, soucieuse... Elle pousse des soupirs à fendre l'âme.

— Qu'as-tu ? lui demande-t-il. Pourquoi ce triste visage, alors que nous avons tout pour être heureux ?

L'épouse du cordonnier lui répond :

— C'est que..., vois-tu, je ne cesse de me demander d'où nous vient ce grand bonheur. C'est de la magie ! Qui donc fabrique ces chaussures à ta place ?

— Ah ! ma chère femme, tu es bien curieuse. Et je me demande si tu as raison... Mais, je le sens, tant que nous n'aurons pas résolu ce mystère, tu ne pourras vivre tranquille. Alors, écoute ! Voici ce que je te propose. C'est très facile... Dès ce soir, après notre prière, nous ferons mine d'aller nous coucher. Je ferai même semblant de ronfler, si tu veux... Et puis, sans faire de bruit, nous nous lèverons et nous nous cacherons derrière le rideau de l'atelier... Ce qu'il se passera ? Eh bien, nous le découvrirons ensemble.

L'horloge vient de sonner minuit. Le cordonnier et sa femme attendent depuis une bonne heure...

— Tu crois qu'il va se passer quelque chose ? chuchote la femme à l'oreille de son mari.

A cet instant, une lumière intense illumine la pièce, et deux lutins, à peine habillés, volètent au-dessus de la table et transforment par magie les peaux de cuir en souliers tout neufs ! Puis ils disparaissent.

Pauvres petits lutins ! Si peu vêtus, par un si grand froid ! La femme du cordonnier, attendrie, se met aussitôt à tricoter...

— Des vêtements bien chauds, voilà ce qu'il leur faut ! s'exclame-t-elle.
— Et aussi de jolis petits souliers ! ajoute le cordonnier. Quoi de mieux pour les remercier de leur gentillesse ?... Et puis, demain, c'est Noël !
Le soir même, les lutins sont de retour...

Vifs comme l'éclair, ils atterrissent sur la table.
— Oh! regarde, Tric, dit le plus maigre, le cordonnier n'a pas seulement laissé du cuir, mais aussi de jolis vêtements à nos mesures... Ce manteau est juste à ta taille !
— Et ces chaussures, Troc ! C'est ta pointure !
Voilà nos deux lutins habillés comme des princes. Ils tournent et se pavanent.

— Mon cher Tric, bien qu'un peu dodu, tu es superbe!
— Et toi, mon cher Troc, tu es magnifique!
Les deux lutins sont enchantés : avec ces vêtements bien chauds, ils ne craignent plus l'hiver.
— Et si nous allions remercier le cordonnier et sa femme? propose Tric.
— C'est ça! s'enthousiasme Troc. Nous allons leur faire une bonne surprise!
Derrière le rideau de l'atelier, le cordonnier et son épouse ont tout entendu.
— Coucou, nous voilà! s'écrient-ils en sortant de leur cachette.
La femme du cordonnier est émerveillée; les habits qu'elle a confectionnés sont parfaits.
— Nous sommes beaux, n'est-ce pas? s'exclament les deux lutins en se faisant admirer.
Le cordonnier les invite alors à déguster une bonne soupe en attendant de fêter Noël, le lendemain soir...
— Eh là, laisse-m'en un peu! proteste Tric en voyant Troc manger gloutonnement.

— Joyeux Noël, Tric! Joyeux Noël, Troc!
Le cordonnier a pris son accordéon et joue une musique endiablée. Tout le monde se met à danser. Grâce aux deux lutins, le bonheur est revenu dans la maison.
Au petit matin, Tric et Troc prennent congé:
— Adieu, adieu, chers amis! Maintenant, vous n'avez plus besoin de nous. Votre fortune est faite!